27

n 15936.

A MONSIEUR

ÉDOUARD CLERC.

A MONSIEUR

ÉDOUARD CLERC,

NOTAIRE,

MEMBRE DE PLUSIEURS SOCIÉTÉS, ETC,

ÉDOUARD PÉCLET,

AVOCAT,

EX-SOUS-CHEF A LA PRÉFECTURE DE LA SEINE.

DEUX MOTS.

> Calomnions , calomnions , il en reste
> toujours quelque chose.
> *Évangile selon Basile.*

AVRIL 1843.

Je viens vous voir et causer avec vous, Monsieur, double satisfaction à laquelle mon cœur aspirait depuis longtemps.

Je serai bref, Monsieur, vos heures, je le sais, se comptent au balancier des affaires et du plaisir, car les hommes de votre importance ne s'appartiennent guère. Mais deux mots. . . . et vous serez rendu aux légitimes sourires d'une femme charmante, aux clients qui vous assiègent, aux Muses qui vous caressent, à la société dont vous êtes l'âme, aux pauvres qui vous attendent en vous bénissant, et à cette foule d'amis qui, plus sincères que flatteurs, vous ont, à bon droit, proclamé l'homme nécessaire de la Cité.

Mais que suis-je, moi, pour oser vous importuner ainsi? Un homme du Tiers, quand vous nagez à pleines brasses dans les grandes eaux de la Noblesse.... Porté sur les ailes d'un intelligent hymen, vous planez, fortuné voyageur, aux hautes régions de la Finance, quand je suis perdu dans la foule. Aux vives splendeurs de votre astre notarial, ma robe d'Avocat s'est éclipsée... Causeur brillant et spirituel, les salons élégants vous recherchent et vous aiment; érudit, les savants vous consultent; Notaire, vos collègues vous envient; arbitre souverain du goût, la jeune fashion s'épuise à vous atteindre en impuissants efforts. Désarmée de votre suffrage d'amateur éclairé, la lyre de notre Orphée eût-elle osé jamais vibrer sous la voûte sainte*? La charité vous a pour son apôtre. Cette main,

---

* Allusion à M. Th. Belamy, jeune compositeur bisontin d'une grande espérance, qui tout récemment a fait exécuter à l'église du Collége une messe en musique où se rencontrent, dit-on, des beautés du premier ordre.

qui le matin quêtait pour la misère, déguisée le soir sous un gant virginal, va côtoyer le pouvoir et saluer de ses grâces empressées nos fières beautés de l'Aristocratie. La Pointe-à-Pitre s'abîme dans un affreux malheur; les arts nomades frappent aux portes pour demander asile et protection; il faut organiser le plaisir; courir au lit du mourant constater sa volonté dernière; se poser au théâtre critique redouté de la pièce à la mode; centraliser l'aumône, en étaler avec onction, dans des pages évangéliques, et les bienfaits et la puissance; pondérer d'un noble coursier le pur sang et la race; signaler, habile et profond Aristarque, les naissants progrès de l'industrie provinciale; fasciner tout un cercle des éclairs du génie, ou cimenter du glaive de sa plume le Notariat qui s'ébranle; quel nom a été invoqué? Le vôtre...... Et pour vous l'Église reste muette; l'Académie n'a pas une couronne; le jockey club pas un éperon; l'État pas le moindre ruban? Et quoi, Monsieur, vous ne siégez pas au banc des municipes; le conseil-général ne vous tend pas les bras? O honte, ô ingrate Cité, assez criminelle un jour, peut-être, pour ne pas attacher à de si beaux services l'imposant fleuron du Député!!!!

Vous le voyez, Monsieur, j'ai mesuré nos distances, j'ai jeté dans la balance la valeur respective de nos personnes... Votre plateau a tout emporté... Ainsi, vous tout, moi rien... Qu'importe, ma tâche est sacrée, qu'elle s'accomplisse, dût l'ouvrier imprudent, le pygmée téméraire, tomber écrasé sous le colosse.

Un mot encore, Monsieur, et j'arrive à l'objet de ma visite.

Quand, après une longue absence, je revis le ciel natal, ce que j'admirai le plus, Monsieur, après les magnifiques travaux dont la ville s'était enrichie, fut la fréquence de votre nom : dans la rue, aux affiches, Édouard CLERC; aux journaux, sous le feuilleton, où il brillait d'un prestigieux éclat, Édouard CLERC; pas de compte rendu, où Édouard CLERC n'éclatât en toutes lettres. Cette appellation, Monsieur, le théâtre, les cercles, le monde, les cafés, la promenade, me la ramenaient toujours, note incessante et monotone, venant bourdonner et mourir à mon oreille. Mais le souvenir qu'elle éveillait n'était pas le vôtre, Monsieur; mon Édouard CLERC à moi, celui que j'avais connu, était un homme grave et consciencieux, aux manières distinguées, consacrant à l'étude les loisirs du Magistrat. Son histoire de la Franche-Comté, recommandable, entr'autres mérites, par d'habiles et savantes recherches, lui assignait une belle place parmi nos historiens. De mœurs douces, d'un commerce facile, d'un savoir et d'une probité à l'épreuve, d'une opinion dignement accusée, il ne se prodiguait pas, ne s'imposait nullement, et faisait le bien sans éclat, sans ostentation et surtout sans calcul*. L'ubiquité prodigieuse, ce bruit mondain que je retrouvais à la place de la solitude et du silence où je l'avais laissé, je ne les expliquais pas; et comme je témoignais toute ma surprise d'une si étrange métamorphose... Ah! me fut-il répondu avec un dédaigneux sourire... Édouard CLERC le Conseiller... mais non, c'est le Notaire, c'est beaucoup mieux...

Et lui aussi, ajoutait en s'exaltant mon Cicerone enthousiaste, lui aussi a écrit... Et ses comptes rendus... et ses beaux feuilletons sur l'Industrie........ et son grand mémoire adressé dans le temps à la commission des Offices!... c'est là des idées... voilà du style...... CLERC le Conseiller... Oh!

M. Édouard CLERC, Conseiller à la Cour royale de Besançon, l'un des fils de l'ancien Procureur-général près la même Cour.

Pardon, Monsieur, je vois le rouge de la modestie vous monter au front... mais l'éloge étant un de ces inconvénients qui s'attachent au talent, il faut bien savoir l'accepter.

Je vais aborder enfin, ainsi que le dirait au Palais votre illustre frère, les faits déjà anciens de la cause. S'ils ont échappé à vos souvenirs, j'aurai l'honneur de les replacer sous vos yeux. Il s'agirait, Monsieur, d'une vieille dette à liquider entre nous; d'autres à ma place pourraient invoquer la prescription ; débiteur consciencieux, je la repousse de toutes mes forces, jaloux que je suis de vous solder en capital, intérêts, frais et accessoires.

N'est-ce pas manier assez bien encore le langage de ma profession première ?... Car, vous ne l'ignorez pas, et moi aussi je fus Notaire......... *Et ego quoque Tabellio.*

Vous souvient-il, Monsieur, qu'en l'an de grâce 1839, un ministre du roi, M. Teste, alors Garde-des-sceaux de France, essaya d'attenter à l'institution du Notariat. Hardi réformateur, il venait signaler le mal, sans montrer le remède ; faute grave, qui devait aller grossir la résistance de toutes les ressources qu'elle enlevait à l'attaque.

D'une immense portée sociale et politique, cette question agita tous les esprits. Les salons, les journaux, la tribune, des écrivains plus ou moins connus, s'en emparèrent avec avidité pour la discuter avec passion, et les intéressés, menacés dans la considération de leurs personnes, et dans la propriété de leurs offices, organisèrent une défense des plus énergiques.

Le *Journal du Notariat* fut créé pour la circonstance.

Notaire pendant trois ans, *je connaissais mieux que personne les abus du Notariat*, ainsi que le faisait observer, avec une rare malice, la feuille que j'ai citée, et dans laquelle, Monsieur, vous comptiez sans doute des amis; et comme la matière en litige tombait dans le domaine public, j'avais cru pouvoir, moi aussi, émettre mes opinions à l'endroit des vices organiques de la loi de ventôse an XI, et aviser au moyen de rendre à l'État sa propriété, tout en respectant ou plutôt en indemnisant des droits acquis.

Incompris dans son double objet, cet écrit provoqua bien des colères qui, après tout, pouvaient

être légitimes. On ne le discuta pas, son auteur fut
calomnié; c'était plus facile.... Moi, Monsieur, en
me heurtant à toute une institution, j'attaquais tout
le monde, et ne dénonçais personne... Ma manière
de combattre l'emportait au moins par la loyauté.

Sous l'imminence du danger, et comme toutes celles
du royaume, la chambre des Notaires de Besançon
avait pris l'alarme. Confondus dans une commune
pensée, qui était de conjurer l'orage qu'ils voyaient
déjà éclater sur leurs têtes, tous ses membres s'étaient
hâtés d'accourir. Une assemblée eut lieu, dans laquelle
on arrêta l'adresse d'un mémoire à la commission des
offices. ... Mais ce mémoire, qui le rédigerait? Quel
athlète si hardi oserait lutter avec le ministre? L'in-
certitude ne fut pas longue, votre puissance d'écrivain n'était plus un mystère..... Monsieur, et d'une
voix unanime vous fûtes proclamé le *sauveur* du Notariat..... Et tous applaudirent......

Et leur confiance ne fut pas trompée...... Des puis-
sances combinées de votre cerveau, surexcité à cette
noble tâche, jaillit bientôt une œuvre profonde, étin-
celante de verve, nerveuse de logique, magnifique de
citations innombrables, et très féconde surtout en

preuves et en *raisonnements,* qui, laissant derrière elle la reconnaissance de vos collègues, alla soulever à Paris l'admiration des bureaux, et faire rendre l'âme au projet ministériel, qui n'en pouvait plus. . . .

Mais il y a des taches au soleil. . . . . et ces pages si belles se salissaient de lignes impures. . . Un homme y était lâchement flétri ; j'étais cet homme, Monsieur ; ces lignes comment étaient-elles là ? produit de tous ou d'un seul, desservaient-elles la haine de tous ou d'un seul ? Il n'y avait d'acceptable que la dernière hypothèse. Qu'un homme oublie sa dignité, cela se voit chaque jour ; mais que descendant du piédestal où l'ont assis l'estime et la considération, un corps tout entier aille se prostituer au rôle de délateur. . . cela n'est pas, cela ne saurait être. Il n'est donc qu'un seul coupable. Vous étiez alors secrétaire de la chambre, et vous m'aiderez à le trouver, Monsieur, pour faire retomber sur sa tête l'indignité de sa conduite.

Je lis, page 31 du mémoire à la commission des offices.

« Parmi nos détracteurs les plus ardents, nous » avons dû remarquer M. Édouard Péclet, qui

» vient de publier une brochure sous le titre de
» *Réforme nécessaire du Notariat en France.* Ce
» pamphlet ne mérite pas une réfutation sérieuse,
» parce qu'il ne contient que des injures et point de
» raisonnements, ni de preuves; mais nous croyons
» utile à l'intérêt général de faire connaître son
» auteur : ses antécédents donneront la mesure de
» la confiance que l'ouvrage doit inspirer.

» M. Péclet, qui cherche à se dissimuler au-
» jourd'hui sous le titre d'Avocat, a été Notaire à
» Besançon, dans notre ville même, il y a peu d'années.
» En 1833 (c'est 1832), il a succédé à l'étude de
» M. Lanoix, qui, après 30 ans d'exercice, avait laissé
» la plus honorable réputation et une belle clien-
» telle.

» M. Péclet n'a pas tardé à voir la clientelle di-
» minuer de jour en jour entre ses mains; cette raison
» et quelques fâcheux débats devant le tribunal le
» forcèrent à se retirer en 1835. Peu de temps après,
» il alla traiter de la charge de M. Dalmas, Notaire à
» Marseille.

» La chambre de cette ville, voulant avoir des ren-
» seignements sur son compte, avant de l'admettre,

» s'est adressée d'abord à la chambre des Notaires
» de Besançon ; *celle-ci n'a pas cru devoir attester la*
» *moralité de M. Péclet, elle s'est contentée de dé-*
» *cliner sa compétence.* Les magistrats, consultés en-
» suite, n'ont pas imité cette réticence ; et, M. Péclet,
» ne pouvant être admis par la chambre de Marseille,
» a été obligé de résigner son traité.

» Aujourd'hui il occupe un très modeste emploi au
» ministère des finances, *Direction des Tabacs.*

» Voilà l'homme qui se pose hardiment comme
» vengeur de la morale publique, comme l'accusateur
» et le réformateur du Notariat!!! On peut juger main-
» tenant s'il y a de la bonne foi dans ses déclamations
» comme dans ses projets de réforme. La haine et l'am-
» bition l'ont mal inspiré. »

Il est temps d'en finir, Monsieur, avec une ignorance trop longtemps simulée. Cette Notice biographique est vôtre, Monsieur ; et, pour que l'inventeur
n'en restât pas inconnu, vous avez décoré de ces mots
le livre où elle se cache : *Rédigé par* M. Édouard CLERC,
Notaire à Besançon. Par égard pour vos confrères,
il aurait été convenable, je crois, que ce mémoire
fût sans nom d'auteur. *Présenté* par tous, il était

l'œuvre de tous, sans l'être de personne. Le *quos ego versiculos* du poëte vous a fait peur, et il a fallu à l'œuvre un salaire, à la gloire un drapeau... C'était justice. Pour moi je saurai distraire de l'intention d'une telle conduite le légitime orgueil du père demandant un nom pour son fils, pour n'y plus apercevoir que l'honneur de l'écrivain qui pressent et accepte d'avance toutes les conséquences d'un écrit. Si j'ai insisté sur ce point, Monsieur, c'est que j'ai voulu prévenir toute fantaisie que vous pourriez avoir plus tard de rendre collective une œuvre revendiquée d'abord, avec une si tendre sollicitude, comme née de votre seul génie. Cela posé, c'est avec vous et contre vous seul que j'aurai à discuter le mérite de vos affirmations.

Je laisse, Monsieur, l'esprit de convenance et l'atticisme de votre manière, pour arriver à une brochure que je m'empresse de vous abandonner tout entière. Puisqu'elle était si infime, vous eussiez bien dû la laisser à son néant, et garder dans l'étui le sceptre du critique. Du reste, Monsieur, à côté de l'écrivain exercé, du penseur profond, de l'auteur si original d'un formulaire sur le Notariat, il y aurait folie à vouloir réhabiliter une œuvre toute meurtrie de vos

coups. Appelle-t-on d'un jugement comme le vôtre?
Mais les injures dont vous gratifiez ma plume, il m'est
vraiment impossible de les accepter, Monsieur, étran-
gères qu'elles sont à mes habitudes d'homme de bonne
compagnie que je crois être, sans cependant m'essayer
jamais aux parquets héraldiques. L'expression étant donc
imméritée, vous m'obligerez beaucoup de la considérer
comme non avenue. Mon style, j'en conviens, a pu
s'empreindre parfois d'une certaine énergie, et l'idée ap-
paraître un peu nue ; mais de là à l'injure la distance est
grande encore... Et puis, je ne suis pas brisé comme
vous aux intimes secrets de l'art ; peintre d'un jour,
qui ne sait ni maîtriser un pinceau, ni dominer d'une
main hardie le jet si inquiétant de ses couleurs.

Mais s'il est vrai, Monsieur, que le style soit
l'homme, voyons, je vous prie, comment le pamphlé-
taire a compris le savoir et la dignité du Notariat, et le
droit de propriété sur lequel il repose.

J'ouvre la brochure incriminée ; et j'y lis, pages 10
et 11.

... « Et cependant, dans le ministère du Notaire
» viennent se résumer les actes les plus importants de
» la vie. Orphelins, il liquide les droits laissés par

» l'auteur commun; c'est par lui que, lors du ma-
» riage, a été fixé l'apport respectif des époux; quand
» la propriété arrive dans nos mains, ou s'en échappe,
» il constate ces mutations; nos droits, nos transac-
» tions de toute nature tiennent de lui leur caractère
» d'authenticité; après avoir été longtemps confident
» de nos secrets, arbitre de nos différends, il vient à
» l'heure solennelle transmettre notre volonté der-
» nière, et, comme le prêtre, ce desservant d'un autre
» culte, nous a pris au seuil du chemin, pour ne
» nous laisser qu'à sa limite la plus reculée.

» Est-il au monde une mission plus sublime? et à
» celui qui en sera investi, suffira-t-il d'une capacité
» non ordinaire, mais hypothétique?

» Chargé de reproduire fidèlement et à la lettre
» l'intention des parties contractantes, ne lui aura-t-il
» pas fallu préalablement, au moyen d'études sérieuses,
» s'initier aux exquises délicatesses du langage? C'est
» dans les actes publics qu'il faut à chaque mot sa juste
» valeur, et à chaque phrase une lucidité absolue. S'il
» n'a du droit une connaissance intime, comment,
» dépourvu de ce flambeau, lui qui, à chaque pas,
» consignera la loi et interprétera son esprit, n'ira-t-il

» pas à des erreurs mortelles aux intérêts qu'elles frap-
» peront ? De lui naîtront, pour les familles qui
» l'auront appelé, perturbation et désordre, quand,
» seul, isolé de tout centre de lumière, ou dévoré
» d'un dangereux orgueil, il procédera au hasard,
» sans autre guide, dans ce dédale immense, qu'une
» pratique souvent aveugle !... »

En présence de cette citation, vous me rendrez, je l'espère, cette justice, Monsieur, que si j'ai méconnu les devoirs du Notaire, j'ai su du moins apprécier la dignité et les exigences de son mandat.

Et plus loin, page 21.

« Quand le jeu qui s'opérait sur les offices fut
» signalé à la tribune, beaucoup de ses membres,
» tout en reconnaissant son existence, déclarèrent
» qu'il fallait la laisser se poursuivre, qu'il ne saurait
» en être autrement : quelques-uns, d'accord avec
» plusieurs feuilles radicales, avaient demandé la sup-
» pression pure et simple du monopole, et pour tous
» l'exercice d'un droit commun. . . Rêve généreux,
» sans doute, mais promptement dissipé au contact
» des réalités. On oubliait que, dépositaires des de-
» niers publics, il fallait aux Notaires des garanties

» matérielles, aussi bien que des garanties d'intelli-
» gence, et on n'apercevait pas non plus se dresser
» devant soi la loi de 1816, près de laquelle, confiants
» dans sa protection, reposaient des capitaux de toute
» nature, privilèges de vendeurs, droits de tiers, pécule
» de mineurs, dots de femmes, arche presque sainte à
» laquelle on ne devait toucher qu'avec les plus
» grandes précautions; l'abolition du monopole, en
» la supposant possible, n'eût été qu'une œuvre de
» vandalisme.... Il est des monuments qui, quoique
» en ruine, veulent être détruits lentement et pierre
» à pierre, parce qu'il s'y trouvera peut-être de
» nobles et précieux débris.

» Il y a donc à ménager ici le respect dû à des
» droits acquis avec le soin de l'intérêt général; tâche
» difficile, mais qui peut s'accomplir, combinée avec
» habileté. »

L'auteur de ces lignes, savait encore, ce me semble,
respecter le bien d'autrui.

Cette digression, Monsieur, a été longue, mais
nécessaire; je reviens maintenant pour vous appar-
tenir désormais tout entier, malgré ce reproche que
vous m'adressez de *m'être dissimulé sous le titre*

d'avocat. Mais ce reproche, Monsieur, est au moins singulier, s'il n'est pas impoli, éclos avant terme d'une distraction vôtre, ou tout au moins d'une somnolence du critique.... *Aliquandò bonus dormitat Homerus.* Latiniste éminent que vous êtes, vous me dispenserez de traduire. . . Me cacher, et pourquoi je vous prie? L'ex-notaire ne saurait-il donc appeler à lui un passé sans peur et sans reproche, et marcher devant tous la tête haute et sans rougeur? . . . et je l'aurais enterré criminel, aux plis innocents de ma robe d'avocat? . . . . Convenez, Monsieur, en supposant votre assertion fondée, que ma main est bien mal habile à se servir d'un masque. Pour me dissimuler, j'attaque corps à corps une institution puissante et redoutable. . . . La brochure incendiaire porte avec elle le nom, le prénom, la qualité du coupable; je l'adresse au Garde-des-sceaux, à la commission des offices; la province où j'étais connu, surtout comme Notaire, en est inondée; elle est expédiée aux magistrats chargés naguères de veiller sur moi officier ministériel; mes amis, mes connaissances, la reçoivent... Et c'est là se dissimuler. . . Pitié... Que penserait-on, nsieur, d'un homme qui, prétendant se déguiser,

s'envelopperait d'un long manteau, laissant toute sa figure à découvert? avec raison on le jugerait fou... Je n'appartiens point encore à cette catégorie, Monsieur, et s'il a pu vous plaire de m'envoyer au bagne, permettez-moi du moins de me défendre de Charenton.

Et puis l'anonyme, Monsieur, ne pouvais-je en user? Pourquoi son voile si protecteur aurait-il refusé de l'être pour moi seul? Mais une telle ressource n'allait point à ma nature, peu exercée à frapper dans l'ombre, ou à mesurer son courage sur la distance qui la sépare d'un adversaire.

L'honorable réputation laissée par M. Lanoix, nous arrêtera peu. Je regrette qu'ici vous n'ayiez pas su prendre l'initiative, vous êtes venu trop tard, et ce que vous aviez dit, Monsieur, toute une ville, toute une province, l'avaient dit avant vous; et s'il en eût été ainsi de toutes vos assertions, je ne vous eusse certes pas dérangé...Mais vous importait-il beaucoup que M. Lanoix eût été un *très honnête homme?* Tous vos efforts ne tendaient-ils pas au contraire à faire croire que j'étais, moi, un très malhonnête homme? ....Allons, essayons d'un peu de franchise, une fois par hasard, cela soulage...Cette vertu que vous alliez chercher chez le mort, n'était-ce pas pour l'opposer au vivant? Antithèse ingénieuse, moyen habile, mais légèrement transparent. Artificier émérite, vous vouliez arracher à une probité éteinte de vives et splendides lueurs, pour en éclairer les noirs méfaits de votre prédécesseur immédiat, de votre serviteur honoré. C'était mal, entre confrères on se doit des égards. Quant à ces trente années d'exercice, mises en regard des trois années du mien, c'est encore heureux d'invention, sans être de même force; mais c'est le ressort du même mécanisme qui rentre dans la même famille, en se rattachant à la même école, celle de Basile.... j'ignorais, Monsieur, que le grand-prêtre du genre eût laissé des adeptes.

Après les morts de la ballade, il n'est rien à mes yeux d'aussi rapide que vos assertions, vraies ou fausses, fausses surtout. La belle clientelle de M. Lanoix en est une preuve. Il m'en coûte beaucoup, Monsieur, de ne pouvoir me rencontrer ici sur un terrain commun; mais je me vois forcé de ranger *votre belle clientelle de M. Lanoix* dans le domaine de la fiction... Et pourquoi cette *belle clientelle* était d'une nature si chétive, si immatérielle pour ainsi dire? je vais vous l'apprendre, Monsieur, quoiqu'à n'en pas douter vous le sachiez mieux que moi.

Malade dans les dernières années de son exercice, M. Lanoix n'avait pu consacrer à sa profession tous les soins qu'elle réclamait. La clientelle n'est pas patiente, elle ne sait guère attendre, et quand on la néglige elle se lasse et s'en va, certaine de trouver un voisin qui lui tendra la main, en lui offrant une gracieuse hospitalité.

Cette vérité incontestable, M. Lanoix l'avait reconnue, et quand il mourut, son nom était très beau sans doute, mais ses clients ne l'étaient guère. Son fils, aujourd'hui magistrat honorable, n'avait pas l'âge pour remplacer son père ; et sa famille, qui le voulait Notaire, fit nommer en attendant M. Billot. L'intérimaire, peu intéressé à la gestion d'un office qui de jour en jour lui échappait, n'eut pas pour lui l'œil du maître, et la situation n'en était nullement brillante, quand un traité vint le placer dans mes mains. Cette dernière cause, réunie à celles indiquées, la maladie et la mort du titulaire, expliquent assez la dégénérescence de la clientelle de M. Lanoix... Maintenant, Monsieur, nous allons renverser les termes de votre

proposition; d'ascendante qu'était selon vous la clien-
tèle de mon prédécesseur, nous la ferons descendante,
et ascendante la mienne, de descendante que vous
l'aviez faite. A chacun le sien, n'est-ce pas? Il convient
avant tout qu'un Notaire ait des idées très nettes de la
propriété.

Que si cependant, Monsieur, votre conviction
n'était pas entière, nous pourrions la compléter à
l'aide des registres des deux exercices limitrophes. Vous
les avez là... Ouvrons-les... Comptons, comparons...
et convenez maintenant, Monsieur, que j'aurais bien
le droit d'exiger une rétractation.

Je sens brûler, Monsieur, le sol auquel je touche.
J'ai besoin d'être calme; je le serai, j'espère : avec
certains joûteurs c'est une loi à s'imposer, si l'on veut
éviter de se découvrir. Ces *fâcheux débats* que vous
noyez dans le vague, en ignoriez-vous la cause?
Ce tribunal où ils étaient portés, pourquoi le
laisser inqualifié? Et vous n'avez pas eu honte, Monsieur, de rouvrir une plaie de famille saignante encore? Cette poursuite ne l'avais-je pas provoquée?
N'avait-il pas, comme vous, spéculé sur la calomnie
et le scandale, celui que j'attaquais tout en me dé-

fendant ? Et l'avocat qui, me couvrant de son talent et de sa généreuse amitié, s'éleva pour moi aux dernières limites de l'éloquence; la main qui, descendant officieusement des hauteurs du Parquet, vint se poser sur ma tête pour en détourner des coups odieusement perfides ; cette voix tonnante et indignée qui, évoquant sur moi un passé honorable et sans tache, alla chercher le délateur à son banc, pour l'y laisser crucifié et couvert de honte ; les débats, les incidents, les moindres détails de cette affaire, son issue pour moi toute favorable, ne les connaissiez-vous pas ? Ces hommes qui vous firent Notaire, l'un de sa signature, l'autre de son autorité de magistrat, les avez-vous oubliés déjà ?... Faut-il vous les rappeler, ingrat que vous êtes ? Le premier, Monsieur, s'appelait Clerc de Landresse, homme d'honneur et de cœur, votre frère à vous, mon ami à moi, et qui le serait encore sans vous, sans vos tracasseries inquiètes et de tous les instants... Le second, Monsieur, était procureur-général près la Cour royale de Besançon.

Et celui-là n'est-il pas bien généreux, qui, s'abritant à de pareils témoignages, vient se défendre ici de vos imputations ?

Me voilà, Monsieur, sous la clef de voûte de votre édifice, devant le refus *de ce certificat de moralité* dont vous avez dû être si heureux. Ici, Monsieur, je m'arrêterai un moment ; et ce repos, que nous appellerons, si vous voulez, une halte dans la boue, j'en profiterai pour vous interroger... D'où vous vient, Monsieur, cette haine dont vous me poursuivez? Lors de notre traité, votre religion a-t-elle été surprise? Votre frère, votre négociateur, aurait-il par hasard manqué d'intelligence? Au prix de *revient* de 61,000 fr., mon étude serait-elle trop chère? Des questions d'intérêt agitées entre nous la solution vous a-t-elle été très compromettante? Si j'étais parti, quand vous êtes venu, c'est que vous aviez failli à votre promesse.. Et vous avez crié à la surprise! à l'infamie! vous roulant dans la poussière, vous dessinant en victime, pour parler sans doute à l'intérêt des hommes, à la pitié des femmes. Et de votre étude, de cette société où vous deviez régner plus tard, vos douleurs se sont élancées à la chambre des Notaires... vos collègues nouveaux.

Vous gémissiez, ils vous ont tendu la main; brave et généreux, vous m'avez attaqué absent, et ils vous ont cru, parce que toujours on a foi dans l'inconnu.

qui accuse, quand l'accusé n'est pas là pour se défendre; et, de ce jour, en attendant qu'elles portassent
leurs fruits, vos calomnies ont germé sur le terrain
de cette chambre, où vous deviez resplendir bientôt
du plus vif éclat.

J'avais, il faut le dire, provoqué parfois des suscep-
tibilités, froissé des amours-propres, torts toujours
grands envers les hommes d'une même position. Phy-
siologiste profond, vous aviez compris tout le parti à
tirer de cette circonstance; et, dans les élans d'une
haine qui ne pouvait être qu'instinctive, vous vous êtes
écrié... *Cet homme ne sera plus Notaire...* Et la pré-
diction a eu lieu..... à la plus grande gloire du nouveau
Jérémie.

Mais, placée en dehors de vos influences, retranchée
dans sa seule conscience, sur quoi, je vous prie, la
chambre aurait-elle motivé un refus qui allait anéantir
une carrière? Quels actes, quels écarts, quels délits,
quels crimes, avait-elle à m'imputer? Avais-je enlevé
des dépôts, surpris des signatures, spolié des succes-
sions? Les secrets, l'ignorance d'un client, en avais-je
abusé à mon plus grand profit? Étais-je moins Notaire
que banquier? Le sang du soldat avait-il été dans mes

mains l'objet d'un scandaleux trafic ? M'avait-on vu,
usurier, saisir le malheur à la gorge, pour l'étouffer
entre ses besoins et l'avidité d'un or impitoyable ? Mon
luxe était-il insolent ? Comparées aux ressources de
l'homme privé, aux gains de l'homme public, mes
dépenses portaient-elles avec elles un mystère ? Quelle
poursuite avait-on dirigée contre moi ? Le nom de l'officier public avait-il retenti jamais à la police cor-
rectionnelle ou à la Cour d'Assises ? Eh bien, Monsieur, précisez un fait, formulez une accusation... Qui
vous arrête ? Le Parquet est-il donc si loin, sa boîte
n'est-elle pas toujours béante ? Point de pitié, je n'en
veux pas, de cet homme qui, pour se faire la main,
est allé me traîner tout d'abord au ministre de la Justice. Mais le jour de la vérité est venu, qu'elle se pro-
duise, et que sa lumière, illuminant nos fronts, montre
enfin qui je suis et qui vous êtes... Oui, Monsieur, aux
injures vomies contre moi depuis trop longtemps, à
vos calomnies, parlées, écrites, à vous, je jette le
plus éclatant démenti... Vous vous taisez, vous baissez
la tête, et vous avez raison... Ah ! c'est qu'il est de ces
cris si puissants du cœur qu'ils refoulent dans son antre,
pour l'y étouffer, le monstre hideux de la calomnie.

Non, Monsieur, les magistrats n'ont pas imité les réticences de la chambre, ils avaient compris leur devoir, et comme eux, la chambre eût compris le sien
sans votre présence, pour moi si fatale. Et cette lettre
du Parquet, il vous est libre de la publier... Elle
n'a rien qui ne m'honore, car je l'ai lue, Monsieur,
communiquée par M. Chodon, Président de la
chambre des Notaires de Marseille, homme consi-
déré et considérable, qui ne pouvant comprendre ce
qui se passait, s'écriait, dans les emportements d'une
généreuse et noble indignation : on ne se joue pas ainsi
de l'avenir d'un homme.... A vous donc, à vous seul,
Monsieur, tout l'honneur du triomphe; à vos collègues les regrets de s'être laissés surpendre; à moi,
à tous, le droit de vous juger....

Et alors encore, Monsieur, que ma dernière accusation serait injuste, qu'il me faudrait la rétracter, alors
même que la Chambre *eût cru devoir faire ce qu'elle a
fait*, ne reste-t-il pas votre dénonciation? N'est-ce pas
assez? l'honneur ne domine-t-il pas l'argent? Ici le doute
peut-il naître? Votre nom n'est-il pas plus éloquent que
les argumentations les plus subtiles... Ce modeste *rédigé
par Édouard* CLERC, ne vous constitue-t-il pas éditeur

responsable ? Viendrez-vous nier votre signature ? Vous
réfugier sous votre qualité de secrétaire ? Vous mon⁻
trer l'exécuteur passif des volontés de vos collègues,
l'instrument nécessaire des violentes colères, provo-
quées par cette brochure que vous savez ? . . Eh bien ,
j'admets qu'il en ait été ainsi. . . . Dans ce cas , votre
rôle était simple. . . . Il fallait abdiquer la plume du
secrétaire. . . . Vous étiez mon successeur, nos intérêts avaient été contraires ; et, dominé par la haine,
votre jugement n'était pas entier , pas plus que libre
votre conscience. . . . Vous deviez vous récuser. . . .
C'était le rôle d'un homme d'honneur. . . . Vous
n'avez pas voulu qu'il devînt le vôtre.

Mais votre couronne littéraire réclamait un dia-
mant nouveau, votre nom était jaloux de retentir à
Paris. . . . Et puis il est si doux de cueillir des lau-
riers où l'on puisse s'endormir un jour avec ses derniers rêves et ses derniers loisirs.

Acceptez donc , Monsieur, la gloire de vos actes,
ayez-en le courage ; n'essayez pas de vous envelopper
d'une solidarité que je décline de toute ma puissance ;
n'allez pas vous cacher au manteau de vos collègues,
car je saurais vous en arracher, et vous appeler en

face, tout gentilhomme que vous voulez être, du seul nom qui vous convienne.

Ma colère est tombée devant la pitié qu'inspire la dernière phrase de votre superbe factum. ... *Aujourd'hui il occupe un modeste* emploi au ministère des finances, *direction des tabacs*. Voilà, Monsieur, un crime que j'ignorais, que le Code pénal ne m'avait pas révélé... Il vous va bien de mépriser la finance, que seriez-vous sans elle ? Y a-t-il donc si loin d'un Notaire comme vous, à un employé de l'État, quel qu'il soit et puisse être ? .. Allez, Monsieur, l'avenir n'est qu'à Dieu. .... Et puissiez-vous un jour laisser, après trente ans d'exercice, la plus honorable réputation et une belle clientelle; puisse la vôtre ne pas diminuer de jour en jour ; puissent de fâcheux débats ne pas vous forcer à vous retirer; puisse une chambre de Notaires ne *pas croire devoir attester la moralité de M. Clerc (Édouard), et se contenter de décliner sa compétence;* puissent les magistrats consultés ensuite, ne pas imiter cette réticence, et puisse-t-il (M. CLERC), occuper un très modeste emploi au ministère des finances, fût-ce même à la *direction des tabacs*.

Où sont allées ces lignes si habilement tissues, et

la *belle clientelle* de M. Lanoix, et la *mienne* réduite à néant ; et ces *débats fâcheux*, et les réticences et les non réticences de la Chambre et du Parquet, et tant de merveilleux artifices. . . et ces italiques nauséabondes, et ce mot de *moralité* qui rougit d'être en si mauvaise compagnie, comme parmi des vierges folles la femme qui n'aurait rien perdu de sa pudeur. Pour soulever le voile au cadavre de ces infamies, ne suffisait-il pas du plus léger souffle ? Pour faire poussière tout votre échafaudage, n'était-ce pas assez que le doigt de l'offensé s'y posât ? Sur cet océan de mensonges, est-il une vérité qui surnage ? Une seule, l'honneur d'un honnête homme.... Mais votre témoignage si désintéressé, son ombre et ceux qui lui survivent ne vous le demandaient pas ;.. l'estime de tous leur suffisait ; *la haine et l'ambition vous ont mal inspiré ;* il fallait garder dans l'œuf vos élucubrations funèbres, respecter des cendres refroidies, et ne pas arracher une croix à sa tombe pour la changer dans vos mains en instrument de vengeance.

Et vous avez pu croire qu'ici, sous le ciel de ma naissance, dans cette ville mienne, où j'avais porté un caractère public, au milieu de ces camarades, de ces

amis, qui me venaient serrer la main, sous l'émou-
vante atmosphère de ces souvenirs que je retrouvais
tout palpitants encore, qu'avec un passé honorable,
un avenir que je n'ai pas abdiqué, un nom qui vaut le
vôtre; que, devant moi-même enfin.... je courberais
longtemps la tête sous ce fer rouge dont vous m'avez
voulu marquer... Ah! vous me connaissez mal; et, si
j'ai tant tardé, c'est que j'ai voulu qu'ici, près de
vous, et derrière chaque ligne tombée de ma plume,
il y eût une main qui la rétractât, injuste; ou la
défendit, légitime.

Allez, Monsieur, lorsqu'on est étranger à une ville,
qu'on est jaloux d'y justifier son droit de cité; qu'on
peut s'y glorifier d'un frère honorable, être fier d'une
alliance inespérée; qu'officieux, on prétend patroner
le malheur, réglementer l'aumône, sauvegarder le Notariat; homme du monde, y produire les grâces de sa
personne, littérateur, jeter dans le public les charmes
de son esprit; Mécène, soutenir le flambeau des arts;
porter, élégant, le sceptre de la mode; s'élever, Notaire,
à la hauteur de ses graves fonctions; qu'ambitieux, on
rêve un fauteuil municipal, ses grandes entrées au
conseil du département; qu'après l'insigne de l'hon-

neur, on aspire, d'un œil dévorant, comme dernière limite à son ambition, les degrés lointains du palais législatif;... quand, voulant être tout, on se croit indispensable à tout, chez tous, et partout, et qu'on tend la main à la Noblesse;.... on n'essaie pas de briser, à des coups ténébreux, l'avenir et l'honneur de *qui que ce soit ;* on prend garde à sa dignité d'homme , et on ne va pas l'enterrer, éhontée et toute vive, aux fétides arcanes de la délation.

Oui, Monsieur, il fallait vous taire, parce qu'alors même qu'il serait justifié, le rôle de délateur est infame; parce que chaque phrase de vous est une perfidie, chaque parole un mensonge ; parce que, aggresseur pusillanime, n'osant pas m'attaquer en face, vous vous retranchiez derrière une corporation imposante et honorable, pour m'ajuster impunément et me frapper au cœur; parce que je ne reconnais à personne le droit de m'outrager ; parce qu'une des espèces du genre, et bâtard de l'improbité, le vol de l'honneur est un vol comme un autre; parce qu'enfin, entre vous et moi, Monsieur, il y a toute la distance du stylet du bravo à l'épée d'un galant homme.

Besançon le 27 avril 1843.

J'ai cru devoir joindre ici, pour la plus grande édification du lecteur, la polémique échangée avec le *Journal du Notariat*.

Journal du Notariat. — Paris, 2 janvier 1840.

« M. Péclet, qui s'intitule Avocat, et qui a, dit-on, exercé avec insuccès la profession de Notaire, veut qu'on réforme un état qui ne lui a pas réussi, et *comme mieux que personne* il en connaît les abus, il les révèle au public avec les moyens de les faire disparaître; le notariat en France est un danger pour la société. « Son institution si belle a méconnu » son mandat, devenue hostile de protectrice qu'elle

1

» était à son principe. On a vu avec effroi prédominer
» l'ignorance et la fraude, là où devaient seules se
» rencontrer les conditions d'un savoir et d'une pro-
» bité à l'épreuve. Les charges de notaire n'ont plus
» été qu'une vaste proie offerte aux ardentes cupi-
» dités de la spéculation. . . . .

. . . .

» ce serait nier le soleil qu'arguer de faux un tableau
» plus fidèle chaque jour. . . . .
» Mais un homme, M. Teste, est venu, qui voudra
» sans nul doute porter le feu dans une plaie hideuse. »
» Nous ne savons si M. Teste portera le feu quelque
part, mais nous ne pouvons nous empêcher d'ad-
mirer la *simplicité* du style de l'écrivain. Sans vouloir nier le soleil, nous serions bien aise de savoir
si c'est dans le cours de son exercice que M. Péclet
a pris les idées qu'il émet si pompeusement sur l'institution du notariat et sur ses membres. Sans doute
il est des notaires indignes de leurs fonctions, qui
manquent à la délicatesse, à l'honneur même, comme
il est des magistrats et des administrateurs infidèles ;
mais s'ensuit-il qu'il n'y ait point d'honnêtes gens
dans le notariat? dans la magistrature et dans l'ad-

ministration ? L'auteur de cette brochure s'est tout simplement rendu l'écho des déclamations qu'on ne cesse de faire contre les plus honorables institutions, et qui ne les empêcheront pas d'être honorables. Quant au reproche d'ignorance adressé aux notaires, il nous paraît fort déplacé, et si M. Péclet en a connu quelques-uns qui le méritassent, c'est une exception qui n'aurait pas dû se généraliser sous sa plume.

» Nous sommes donc loin de partager son opinion, et probablement il en changerait s'il lisait les ouvrages écrits, non-seulement par des notaires de Paris, mais par un grand nombre de notaires des départements. sur la question des offices (*ici le rédacteur a oublié de nommer* M. Clerc Édouard). Du reste, on conçoit que pour motiver son plan de réforme, l'auteur avait besoin de colorer fortement les abus qui existent selon lui et qu'il se propose de détruire. Pour arriver plus sûrement à ce but désirable, il a deux moyens également bons, également efficaces, l'un pour l'organisme, selon son expression ; l'autre pour la finance.

» Inutile de dire que la loi de 1816 doit être abolie, car avec elle il n'y a rien à faire, nul système à pro-

poser, nulle création possible. L'*organisme* de M. Péclet contiendra des changements sur l'âge , le stage,
les examens, l'instruction des candidats, qui devront
tous être licenciés ou docteurs en droit , et en outre
des réglements plus sévères pour les chambres de
discipline. Il y aurait peut-être quelque chose à faire
sur différents de ces points, mais l'auteur, qui exagère les défauts, exagère tout autant les remèdes qui
ne sont plus ainsi en proportion du mal, mais c'est
dans la *finance* que réside l'idée réformatrice de
M. Péclet; il part de ce principe que les notaires
sont indélicats, sont ignorants; que les charges sont
à un prix trop élevé, et pour faire disparaître ces
inconvénients, il propose de ruiner les notaires, afin
de les rendre plus honnêtes et plus éclairés. Le gouvernement s'empare tout à coup de toutes les charges
par un simple acte de sa volonté, en vertu du droit
que lui accorde l'auteur. Mais comme il serait malhonnête de prendre ainsi le bien des gens, ce même
gouvernement accordera une indemnité aux proprié-
taires des charges, d'après un calcul qu'il serait trop
long d'expliquer, non pas de toute la valeur, seulement d'une partie; par exemple, pour une étude

de 15,000 fr. de produit, on donnera 60,000 fr. de capital.

» Comme le Gouvernement ne pourra pas garder tous ces offices, il sera forcé de les donner aux aspirants, et afin de supprimer la vénalité qui soulève tant d'indignation, il vendra lui-même les charges; mais il ne les vendra que pour le sixième de leur valeur, à la condition de payer annuellement une redevance du quart des produits. Que doit-on penser d'un tel projet? N'est-ce pas du progrès? C'est justement ainsi que s'affermaient la justice, les greffes et les tabellionnages sous saint Louis et ses successeurs. M. Péclet n'a pas prévu le cas où le fermier de la charge ne paierait pas son loyer, mais il est sous-entendu qu'on lui donnerait congé. Au surplus, il ne laisse pas les notaires mourir de vieillesse, car il veut qu'on les destitue à 60 ans. Voilà à peu près (à peu près est modeste), la réforme que propose M. Péclet pour le notariat; nous doutons qu'elle se réalise de si tôt. »

Voilà une analyse fidèle, une critique consciencieuse et spirituelle, et un style qui, s'il n'est pas *simple*, est au moins singulièrement composé.

Journal du Notariat du 9 janvier 1840.

« M. Péclet, auteur d'une brochure intitulée : *Réforme nécessaire du Notariat en France,* dont nous avons rendu un compte succinct dans notre numéro du 2 janvier, a trouvé notre critique mauvaise. Il se plaint de ce que nous n'avons pas réfuté une à une ses allégations et ses idées de réforme ; mais nous avions peu l'envie de prendre cette peine, qui eût été d'ailleurs fort inutile. De plus, il nous demande, sur deux expressions dont nous nous sommes servi , des explications que nous allons lui donner...»

(Ma lettre ayant été mutilée par le Rédacteur, je la rétablis ici dans son texte).

A Monsieur le Rédacteur en chef du *Journal du Notariat.*

Monsieur,

Je viens de lire, dans votre feuille du 2 janvier, l'article critique dans lequel vous examinez, en courant, la brochure que je fis paraître il y a trois mois, avec ce titre : *Réforme nécessaire du Notariat.*

Avant tout, je dois vous remercier d'avoir laissé tomber un rayon de lumière sur une production destinée à l'oubli. Votre plume d'Aristarque a pour un moment fait revivre les morts ; et c'est là un de ces priviléges auxquels j'étais loin de m'attendre.

Il me semble, cependant, que vous avez dit trop ou trop peu. Indigne, mon ouvrage devait passer inaperçu ; renfermant des vues de quelque portée, alors même qu'elles auraient été peu orthodoxes, il vous fallait l'anéantir par la puissance d'une logique vive et concluante. J'aurais aimé une lutte corps à corps, l'argument pressant l'argument ; défendant le terrain pied-à-pied, j'avais contre moi les chances de la défaite ; vous pouviez être vainqueur, tandis qu'aujourd'hui, tout en m'efforçant d'être modeste, il m'est difficile de me considérer comme vaincu.

Mais il vous convenait mieux sans doute de mutiler mes phrases, de qualifier mon style de *simple,* de jeter çà et là des plaisanteries plus ou moins empreintes d'atticisme ; oubliant, malgré le titre qui vous attache à une feuille grave, qu'en matière d'éco-

nomie sociale, le sarcasme le plus aigu ne prouve
rien.

Voilà pour les choses, que, du reste, je vous aban-
donne entièrement, n'ayant nul souci d'être un grand
penseur, ou un brillant écrivain. Quant à ce qui est
des personnes, je me montrerai moins conciliant peut-
être.

L'homme qui, selon vous, s'intitule *avocat*, avait
le droit de le faire. Il n'a jamais usurpé aucune
qualité. Vous auriez dû le savoir, Monsieur, ou vous
abstenir, dans le cas où il aurait été impossible de vous
former une conviction à cet égard.

J'ai été notaire, Monsieur, et les antécédents de
l'homme public défient les insinuations les plus perfides. J'ai vendu mon office, parce que, ne trouvant
pas ses bénéfices en rapport avec les charges qu'il en-
traînait, il me convenait mieux d'être démissionnaire
que de m'exposer à des inconvénients qu'il est inutile
de signaler.

En jetant dans le public mes opinions sur le notariat, je n'ai fait qu'user d'un droit, en cédant à une
conviction. De même que le chirurgien qui disserte
sur un cadavre, j'étais, mieux que personne, en état

de révéler les vices organiques d'un édifice en ruine. En disant tout ce que j'avais vu et rien que ce que j'avais vu, j'imprimais à mes paroles une certaine autorité.

En finissant, je vous prierai, Monsieur, de m'apprendre la véritable signification du mot *insuccès*, que vous m'appliquez. Vous savez, comme moi, que la valeur d'une expression se modifie par les phrases qui la suivent ou la précèdent. Je veux croire que votre intention n'a jamais été de jouer avec mon honneur. Mais il vous paraîtra naturel que, sur ce point, je vous demande des explications *précises*.

En les attendant, je vous prie et vous requiers au besoin d'insérer ma lettre dans votre plus prochain numéro.

Recevez, Monsieur, l'assurance de ma considération distinguée.

Éd. Péclet, *Avocat*.

Paris, 6 janvier 1840.

« Notre réponse sera simple.

» Nous n'avons jamais songé à contester à M. Péclet son titre d'avocat, mais nous croyons qu'il aurait pu sans rougir prendre aussi la qualité d'ancien notaire, qui n'est pas moins honorable, et même il nous a semblé que, proposant une réforme des abus du notariat, ses paroles en eussent acquis plus d'autorité. Pourquoi donc n'a-t-il rien dit dans son ouvrage, de son exercice comme notaire ? Serait-ce qu'il aurait craint de soulever contre lui l'indignation de ses lecteurs, en le voyant injurier ses anciens confrères et une institution à laquelle il avait appartenu ?

» Quant au mot *insuccès* que nous avons employé, il veut seulement signifier que M. Péclet n'a pas atteint le but de tout notaire, celui de se faire un état et d'acquérir une honnête aisance; mais loin de lui en faire un crime, nous reconnaissons que ce malheur peut arriver aux plus honnêtes gens, et qu'il y a au contraire probité à se retirer à temps.

» Ces explications étaient inutiles comme elles sont sans intérêt pour nos lecteurs, et nous les eussions négligées, ainsi que la lettre de M. Péclet, si plusieurs

notaires offensés des injures renfermées dans sa brochure, ainsi que des attaques dirigées contre le notariat, ne nous avaient en quelque sorte requis de
reproduire sur l'auteur la note biographique qui se
trouve dans le mémoire des notaires de Besançon,
imprimé et adressé à la commission des offices.

» On lit, page 31... (Voir ci-devant les pages com-
mençant par ces mots : « parmi nos détracteurs, » et finissant par : « la haine et l'ambition l'ont mal inspiré.)»

Maintenant que la vérité est connue, je crois inutile
de reproduire ici ce qui reste de cette polémique. Je
suis prêt, du reste, à le faire, si j'y suis amené. Je ne
saurais m'empêcher de faire connaître en terminant
que, *sans le plus grand hasard*, j'aurais pu ignorer
toute ma vie le *mémoire rédigé* par M. Édouard CLERC,
qui n'a pas eu, tout homme du monde qu'il est, la po-
litesse de me l'adresser. Cependant le ministère des finances n'est pas introuvable, pas plus que la direction
des tabacs; de manière qu'un matin j'aurais pu, à mon
plus grand étonnement, me rencontrer face à face
avec ce *factum*, désormais jugé.

FIN.

Besançon.—Imprimerie de Bintot.

www.ingramcontent.com/pod-product-compliance
Lightning Source LLC
Chambersburg PA
CBHW071011280326
41934CB00009B/2266